PETITE BIBLIOTHÈQUE DE L'ENFANCE ET DE LA JEUNESSE.

SOUVENIRS DE VOYAGES.

LES ALPES
ET
LA GRANDE CHARTREUSE

PAR B. D'AURIAC.

PARIS
LIBRAIRIE DE CH. DOUNIOL, ÉDITEUR,
RUE DE TOURNON, 20.

PETITE BIBLIOTHÈQUE DE L'ENFANCE ET DE LA JEUNESSE.

SOUVENIRS DE VOYAGE.

LES ALPES
ET
LA GRANDE CHARTREUSE
PAR B. D'AURIAC.

PARIS
LIBRAIRIE DE CH. DOUNIOL, ÉDITEUR,
RUE DE TOURNON, 29.

1858

LES ALPES.

Pour beaucoup de personnes, les montagnes sont un monde ignoré; et pourtant ces régions solitaires, silencieuses, à l'aspect grandiose et fier, sont intéressantes pour le voyageur. Dans leurs vallées profondes, autour de leurs pics sublimes, flotte je ne sais quelle atmosphère mystérieuse qui élève l'âme jusqu'à Dieu. La majesté du Créateur semble reflétée dans ces paysages immenses qui n'ont d'autres limites que la pensée, et personne n'a pénétré dans leurs déserts étranges sans éprouver un frémissement d'admiration mêlé de crainte.

Vous-mêmes, gentils enfants, qui lisez ceci,

deviendriez graves, au premier aspect d'un géant des Alpes, et peut-être m'adresseriez-vous cette question que j'ai entendu faire par un petit voyageur de votre âge, à l'entrée du *Désert* de la Grande-Chartreuse... *Est-ce ici qu'il faut commencer à parler tout bas?*

Du reste il court, dans chaque montagne, des histoires surprenantes, dont le charme et l'intérêt grandissent quand, à la voix du narrateur, se mêlent les gémissements des grands bois noirs, et les sifflements des rafales brisées contre les glaciers.

Vous dirai-je l'histoire du *Petit-Mineur*, que chacun sait dans l'Oisans (le pays de l'or), Californie antique et déjà fertile en légendes?

Vous dirai-je l'histoire du *Mercier* à la tombe duquel chaque voyageur jette une pierre? ceci est raconté dans les sauvages vallées de l'Oursière au pied du mont Pelvoux, le géant des Alpes françaises.

Vous dirai-je l'histoire du *Sanctuaire* des

Anges Gardiens, dont la tradition s'est conservée parmi les Pâtres du mont Ventoux ?

Vous dirai-je l'histoire de *S. Bruno fondateur de toutes les Chartreuses*, telle qu'elle est racontée aux veillées de Noël par les bonnes femmes du pays d'Entremont ?

Je commence par cette dernière, dont le fonds est parfaitement vrai comme vous le savez tous : je vous signalerai en passant les détails dont je laisse la responsabilité aux braves dames qui m'ont dicté ce récit.

Je vous préviens qu'à la fin de mes histoires vous serez devenus aussi montagnards que pas un habitant des Alpes, car, à chaque mot, j'aurai occasion de vous peindre les mœurs et les sites des contrées, théâtres de ces légendes.

Histoire du R. P. saint Bruno, fondateur de toutes les Chartreuses.

A une époque si ancienne qu'aucune personne aujourd'hui vivante ne l'a vue (en 1084), le saint évêque Hugues vivait dans la pratique de toutes les vertus, et se livrait surtout à de longues méditations, quand les soins de son ministère ne le réclamaient pas.

Un soir, il était en prières, minuit était proche et, contre son ordinaire, le saint prélat se sentait saisi par un sommeil étrange dont il ne pouvait se défendre, lui qui avait une pieuse habitude de veiller en priant.

Après de vains efforts pour lutter, sa tête vénérable s'inclina doucement sur ses deux mains jointes, ses lèvres cessèrent de s'agiter, sa paisible respiration devint uniforme, il dormait.

Tout à coup on frappa à sa porte, mais si discrètement qu'il ne se réveilla point.

Puis la porte s'ouvrit d'elle-même, un ange entra, un ange voyageur avec de belles ailes bleues; voyant le saint évêque endormi, il sourit et, se retournant, fit un signe pour recommander le silence.

Alors entrèrent sur la pointe des pieds,

sept hommes vêtus de laine brune; leurs chaussures couvertes de poussière attestaient qu'ils venaient de loin; leur démarche indiquait la lassitude; ils s'assirent de chaque côté de la porte; l'ange resta debout, et tous attendirent en silence le réveil de leur hôte vénérable.

Sa respiration calme et douce se faisait seule entendre; au bout de quelques instants, les rayons naissants de la lune vinrent éclairer l'appartement et, dans le voisinage, un coq chanta.

Le saint évêque fit un mouvement :

« *Hugues, notre frère*, dit l'ange, levez-
» vous, et voyez ce que le Seigneur vous
» envoie. »

Saint Hugues se retourna, l'ange prit par la main un des sept hommes et l'amenant auprès du prélat :

« Parle, lui dit-il, ici est la patrie que tu
» cherches. »

A ces mots l'ange disparut, et saint Hugues

étendit ses mains vénérables vers ses serviteurs pour les bénir, mais déjà ils ne lui apparaissaient plus que comme une ombre et dans le lointain ; la vision se dissipait insensiblement, bientôt l'évêque fut seul; il se prosterna et passa le reste de la nuit en prières.

Le lendemain, après avoir dit sa Messe avec un redoublement de ferveur, car cette vision le préoccupait fort, saint Hugues, agenouillé dans son oratoire, faisait son action de grâces, lorsqu'un coup fut frappé à sa porte.

Le prélat, encore sous l'impression de ce souvenir mystérieux, ouvrit avec empressement.

Son chapelain se présenta :

« Un étranger, dit-il, portant un costume
» pauvre et en laine brune, demande à être
» introduit en votre présence avec six hommes
» vêtus comme lui. »

C'était la vision de la nuit précédente ; le saint évêque, tout ému, donna permission d'introduire ces visiteurs :

Le premier qui entra avait la tête chauve et découverte, la démarche modeste mais grave; ses grands yeux noirs, après avoir contemplé le prélat, s'abaissèrent respectueusement, il s'agenouilla devant lui.

« Qui êtes-vous, mon frère, demanda saint
» Hugues, et quel est le désir qui vous
» amène ? »

« Je suis Bruno, ordonné prêtre dans le dio-
» cèse de Cologne, je cherche la voie étroite
» qui mène au ciel; depuis que j'ai quitté nos
» terres lointaines, je demande à Dieu de me
» guider jusqu'à ce que j'aie trouvé un saint
» pour me bénir, un désert pour me recevoir...
» Bénissez-moi, mon père, bénissez mes com-
» pagnons, et permettez-nous d'habiter dans
» les plus hauts déserts de vos montagnes; ici
» est le terme de notre course, un ange nous
» l'a dit cette nuit. »

Le saint évêque voyait se réaliser sa vision; il bénit les voyageurs mystérieux, leur distribua le pain de la charité, et les fit mener jusqu'à l'entrée des montagnes.

Là, Bruno renvoya ceux que saint Hugues lui avait donnés pour l'accompagner, et, comme on lui représentait toutes les peines, les dangers même qu'il rencontrerait dans ces régions sauvages :

« N'y a-t-il pas des habitants dans quelques
» portions des montagnes, demanda-t-il. »

« Quelques familles pauvres, lui répondit-
» on, quelques pâtres dans la belle saison,
» quelques bûcherons, habitent dans de tristes
» chaumières, et vivent misérablement au
» pied des bois. »

« Ce que ceux-là font, nous pouvons le
» faire, dit le saint ermite (rappelant la belle
» parole de saint Augustin), et Dieu nous a
» ordonné de venir dans ces solitudes pour
» être les pères des malheureux. »

En effet, mes amis, les Chartreux furent dès lors, et sont aujourd'hui, la providence des montagnes; on les appelle les bons Pères.

Cependant (ce sont les bonnes femmes d'Entremont qui parlent), saint Bruno, en renvoyant ses guides, faisait bien voir qu'il ne connaissait pas les montagnes, et Dieu, pour éprouver sa vocation, ne pouvait pas lui donner une tâche plus difficile.

Depuis quelques heures, lui et ses compagnons s'enfonçaient dans les taillis; mais, vains étaient leurs efforts, ils se retrouvaient toujours en face d'un rocher immense fermant l'entrée d'une vallée qu'on leur avait signalée comme favorable à leur établissement.

Le mois de juin venait de commencer. A cette époque la verdure foisonne et croît avec une rapidité prodigieuse, l'été des montagnes ne ressemble point à celui des plaines; quelques jours suffisent pour enlacer des milliers d'arbustes, pour rendre inextricables les chemins frayés l'année précédente; le passage de l'homme disparaît, englouti dans un océan de feuilles, de rameaux, d'arbres touffus.

Au pied des neiges encore majestueuses et

« Mon Dieu, mon Père, dit-il, commandez
» et vous serez obéi; ordonnez à ces monta-
» gnes de nous recevoir, à ces rochers de nous
» livrer un passage. »

Saint Bruno parlait encore qu'une pierre, venue des hauteurs, passa en bondissant sur leurs têtes, et plongea dans le taillis comme la foudre.

Les voyageurs levèrent la tête, et aperçurent, traversant un glacier, un ours de taille gigantesque sous les pieds duquel roulaient des cailloux et des morceaux de glaçons.

Instinctivement ils se retirèrent sous une anfractuosité de rocher présentant un abri contre la grêle de débris qui se précipitait.

Tout à coup un craquement immense se fit entendre, l'air se remplit d'un tourbillon de neige; saint Bruno et ses compagnons virent passer dans les airs comme un voile blanc déchiré par les rocs; il leur sembla voir rouler de pointe en pointe l'ours dont les hurlements se mêlaient à ce tumulte soudain; ils ressentirent comme un tremblement de terre, et tout rentra dans le silence.

Alors les solitaires jetèrent un regard autour d'eux, tout était changé; à la place des taillis verts et touffus s'étendait une pente nue et jonchée de pierres; l'énorme rocher qui fermait le passage s'était fendu, et avait roulé jusqu'au fond du torrent; des amas de neige couvraient les bois environnants.

Un cri de surprise échappa à saint Bruno :

« Quel est ce prodige, ô mon Dieu, s'écria-
» t-il, les montagnes sont abaissées ! quelle
» foudre a frappé ces rochers ? »

« C'est l'*avalanche*, répondit une voix grave
» et rude, les pauvres gens seront heureux
» maintenant, le chemin des bois est ou-
vert. »

Et un homme de grande taille vêtu de plusieurs peaux de loups cousues ensemble, s'avança vers les voyageurs; il les examina l'un après l'autre avec curiosité.

« Vous êtes *perdus*, leur dit-il, c'est bon;

» pourquoi venez-vous ici ; est-ce que la terre
» n'est pas assez grande ; que voulez-vous
» donc demander à ces pauvres montagnes ? »

Puis, jetant sur ses épaules une énorme cognée, le bûcheron montagnard s'éloigna en homme peu désireux de continuer la conversation.

Saint Bruno l'appela, comprenant bien alors qu'il ne pouvait se passer d'un guide.

« Nous ne voulons vous faire aucun mal,
» dit-il, nous venons chercher un asile dans
» ces déserts ; servir Dieu, secourir les mal-
» heureux, voilà toute notre ambition. »

Le bûcheron s'arrêta en secouant la tête :

« Ces gens-là sont fous, dit-il ; au premier
» jour on les trouvera précipités dans le fond
» d'un ravin... mais ils le veulent ainsi, ce
» sera une belle joie pour les loups. »

Et il se remit en marche sans même se retourner.

La voix de saint Bruno se fit entendre :

« Mon Dieu, disait-il, faites comprendre à

» ce pauvre homme que vos serviteurs sont
» des amis et les humbles instruments de votre
» bonté ; faites que nos premiers pas dans ces
» solitudes soient pour y évangéliser la paix et
» la charité. »

Le bûcheron s'arrêta encore :

« Mais qui donc êtes-vous, demanda-t-il en
» revenant à eux ; sans doute des forestiers
» chargés du recensement des bois, ou des
» chercheurs de fer ? Ils sont tous les mêmes
» ces étrangers qui passent dans nos villages ;
» faire payer double et triple *cens*, exiger des
» amendes, ou enlever les jeunes gens à leurs
» familles pour en faire des hommes de guerre ;
» voilà leur métier ; chacun pleure en les
» voyant arriver... mais il en reste toujours
» quelques-uns dans les bois... leur nombre
» diminue..., ajouta le bûcheron d'une voix
» plus basse et menaçante. »

« Regarde-moi, pauvre créature, dit S. Bruno
» en élevant son crucifix, regarde un prêtre
» du Seigneur, regarde un père ; vois, d'une

» main je porte le signe de la charité, et de
» l'autre je t'offre le pain que tous les jours tu
» demandes, si tu songes tous les jours à dire
» la prière que ta mère t'a apprise. »

Et il lui présentait quelques pièces de monnaie.

Le bûcheron s'approcha de saint Bruno et étendit la main; saint Bruno lui donna la monnaie :

« Non, dit le bûcheron, la croix ; laissez-
» moi voir. »

Et mettant un genou en terre, il prit le crucifix ; une larme roula dans ses yeux :

« Oui, dit-il à voix basse, voilà bien un bon
» Dieu comme celui qu'avait ma mère... quand
» j'étais enfant, elle me le faisait embrasser...
» les gens du bailliage qui l'ont emmenée
» dans la prison où elle est morte, la pauvre
» femme, les gens qui l'ont tenue en prison,
» jusqu'à la mort, la pauvre mère, parce qu'elle
» n'avait pas pu payer les cens des *trois sei-*
» *gneurs*, ces gens-là ont tout pris dans la ca-

» banc, même le bon Dieu qui était bien à moi,
» car elle me l'avait donné…. Vous croyez que
» je sais une prière…, je l'ai oubliée…. pour l'en-
» tendre quelquefois, il aurait fallu aller à l'é-
» glise, mais je suis trop pauvre, trop mal vêtu,
» je n'ai jamais osé… ; depuis longtemps je ne
» sais pas quand c'est dimanche, le pauvre
» bûcheron ne doit pas sortir des bois….. Je
» saurai cependant embrasser votre bon Dieu,
» voyez… »

Avec ses grosses lèvres, le bûcheron déposa sur le crucifix un baiser retentissant qui fut recueilli par les anges et trouva un écho dans le ciel; puis il abaissa sa tête dans ses deux mains et demeura immobile, songeant au bon Dieu de sa mère, au bon Dieu de ses jeunes années….

Saint Bruno, tout ému, posa doucement son bâton de voyageur sur la tête grisonnante du montagnard.

« Viens, mon enfant, lui dit-il; tu n'avais
» plus de mère; tu n'avais plus de famille; tu

» n'avais pas un lieu où reposer la tête ; viens,
» voici un père, voici des frères ; bientôt un
» temple s'élèvera dans ces solitudes, et autour
» de ce temple, un asile pour tous ceux qui
» ont besoin ; pour toi sera cet asile, comme
» pour tant d'autres que le Seigneur y convo-
» quera ; viens, c'est ta mère qui t'appelle par
» ma voix. »

Le bûcheron se releva docile et confiant ;

« Allons, dit-il, je vais vous guider jus-
» qu'au désert, et vous me mènerez à ma
» mère. »

Après avoir parcouru les montagnes, saint Bruno, ayant fixé son choix sur un vallon le plus solitaire et le plus isolé de tous, commença à jeter les fondements d'une chapelle dédiée à la sainte Vierge, puis il s'occupa d'édifier un monastère suffisant pour recevoir tous ceux qu'attira promptement autour de lui le bruit de ses vertus et le désir de vivre dans la paix du Seigneur ; ainsi fut fondée la Grande-Chartreuse existant aujourd'hui dans les Alpes en Dauphiné, et dont la réputation est répandue dans le monde entier.

Telle est, mes chers amis, l'histoire racontée par les bonnes femmes de ces montagnes, avec des détails toujours nouveaux et des variantes naïves que le défaut d'espace ne m'a pas permis de reproduire. Bientôt je vous ferai d'autres récits sur les Alpes; pour cette fois, je me bornerai à une courte notice historique et topographique sur la Grande-Chartreuse.

LA GRANDE CHARTREUSE.

Saint Bruno, issu d'une bonne famille d'Allemagne, après avoir joué un rôle important dans les affaires ecclésiastiques en Champagne et en Bourgogne, et, après avoir refusé l'archevêché de Reims, vint en Dauphiné où saint Hugues était évêque de Grenoble.

Saint Hugues avait été disciple de saint Bruno à Reims; sa joie fut grande à son arrivée, dont une vision l'avait prévenu.

Saint Bruno était suivi de six compagnons nommés Landvin, Etienne de Bourg, Etienne de Die, tous deux chanoines de Saint-Ruf (église du diocèse d'Avignon); Hugues, surnommé le Chapelain, parce que, seul, parmi les disciples de saint Bruno, il s'acquittait de qu'il savait leur être nécessaires pour transcrire des livres. »

Ces derniers mots indiquent que la principale occupation de ces solitaires était de copier des livres; travail précieux à une époque où l'on ne possédait point encore l'art de l'imprimerie.

Il sera, sans doute, intéressant pour nos jeunes lecteurs de trouver ici une description topographique de la Grande-Chartreuse faite par deux religieux de l'ordre des Bénédictins au commencement du xviii° siècle; ils s'expriment ainsi :

« ..... Étant à Grenoble, nous ne pouvions nous dispenser d'aller à la Grande-Chartreuse.

» On y va par deux chemins différents; l'un s'appelle le Sappey; l'autre, Saint-Laurent-du-Pont.

» Par celui du Sappey on franchit une montagne ainsi nommée à cause de sa grande abondance de sapins; on descend de là dans la vallée où est le village de Chartreuse, et après l'avoir traversé, on prend à main gauche pour se rendre à la porte du pont par lequel on entre dans l'enclos de la Grande-Chartreuse. Le pont est sur une petite rivière appelée le Guiers-Mort qui passe, en cet endroit, entre deux rochers fort près l'un de l'autre; le pont est éloigné du monastère de près d'une lieue. On monte toujours depuis ce pont, et en chemin on trouve la Corrérie, où Dom Courrier (religieux employé aux affaires extérieures du monastère) et ses officiers demeurent le plus souvent.

» Il y a une imprimerie et on tient aussi dans cette maison les jeunes gens auxquels on fait filer la laine servant à fabriquer les robes des moines; car tout ce qui peut se fabriquer dans la maison pour le nécessaire ou l'utilité du couvent, s'y travaille, et cela avec un fort bel ordre et beaucoup d'économie, par les soins de Dom Courrier.

» Si on va à la Chartreuse par Saint-Laurent-du-Pont, on arrive d'abord dans une terre qui appartient aux Chartreux. Elle leur est d'un revenu considérable par le soin qu'ils ont eu d'y pratiquer des martinets et autres artifices à fer; le chemin, par Saint-Laurent-du-Pont, a été élargi, et on l'a rendu aussi praticable qu'on a pu, mais il ne laisse pas d'être plus dangereux que l'autre. Le désert, de ce côté, paraît plus affreux; des montagnes couvertes de pins fort épais se joignent presque l'une à l'autre, et ne laissent qu'un étroit passage au Guiers-Mort; ce torrent, en passant dans ces défilés y fait un grand bruit, qui augmente l'horreur des lieux.

» En arrivant au monastère on aperçoit l'ensemble des bâtiments qui sont considérables; les deux portes de l'enclos sont dans un endroit resserré et ne livrant qu'un étroit passage. Rien n'est affreux comme le paysage qui environne le monastère. La maison principale est belle, mais elle n'a rien de trop magnifique ni qui blesse la simplicité religieuse. On trouve à l'entrée quatre gros pavillons solidement bâtis pour recevoir les Prieurs de divers royaumes qui viennent au chapitre général; sur quoi il est à remarquer que tous les Prieurs venant à la Chartreuse mettent pied à terre à la porte; mais les Prieurs allemands (parce que saint Bruno était de leur pays) ont le privilége spécial d'entrer à cheval dans la cour.

» Outre les quatre pavillons dans lesquels il y a bien du logement, il y a un second corridor, où sont beaucoup de cellules pour les Capitulants; dans ce corridor on voit les plans de la plupart des Chartreuses de l'Ordre; au bout est la salle du définitoire dans laquelle on voit de fort belles peintures relatives à la vie de saint Bruno, et au-dessus, tous les portraits des généraux de l'Ordre.

» Les chambres où l'on couche les étrangers sont petites, et les lits ressemblent à des boîtes fort étroites. Les fabriques qui sont autour de la maison, méritent d'être vues; on y trouve menuiserie, corderie, le four, les greniers, les caves où sont les provisions ; tout cela est bien entendu ; la pharmacie est bien fournie ; on voit dans les greniers un tamis d'une invention singulière qui sépare quatre sortes de grains en même temps.

» Le spatiemment (ou spaciemment) est l'endroit où les religieux se promènent aux jours de récréation. Ils passent dans la cour, le bâton à la main sans dire un seul mot ; mais dès qu'ils sont dans le spaciemment, ils s'embrassent, se parlent, et vont se promener dans les bois et les rochers dont ils sont environnés de toutes parts. »

Cette description est encore aussi vraie de nos jours qu'il y a deux cents ans, à quelques exceptions près.

Ainsi les belles et sauvages montagnes de la Chartreuse sont toujours les mêmes, leurs torrents toujours sauvages, leurs rochers toujours grandioses. Mais sept incendies ont successivement dévoré les bâtiments des Chartreux, et ceux-ci les ont relevés avec un courage et une patience admirables.

La révolution de 1793 les a dépouillés de la plus grande partie de leurs biens, et maintenant ils n'ont que des droits d'usage dans ces bois, dans ces vastes pâturages qui avaient appartenu à leurs prédécesseurs.

Du reste, ils pratiquent à l'égard des étrangers l'hospitalité la plus affable; ils font volontiers visiter le grand cloître, dont les corridors ont jusqu'à cent cinquante mètres de longueur, la chapelle, où ils disent leurs offices de jour et de nuit, leur bibliothèque, encore fort riche et dans laquelle ils font remarquer quatre énormes poutres qu'un seul arbre monstrueux a fournies.

Tous les voyageurs savent que les Chartreux voient avec peine apporter et manger de la viande au réfectoire des étrangers; aussi en général on se contente de l'ordinaire (très bon du reste) servi en maigre et se composant de fruits, de beurre, de fromages, de poissons,

Les Chartreux ont de très-beau bétail, dont la principale résidence est en un lieu appelé la Vacherie.

A l'un des derniers concours régionaux, ils ont obtenu une prime et une médaille de première classe, comme ayant exposé les plus belles têtes de bétail.

Il n'est pas besoin, sans doute, de rappeler ici leur admirable liqueur, dont les trois espèces, blanche, jaune et verte, sont connues dans le monde entier sous le nom de *Chartreuse*.

La verte surtout, au dire des forestiers, « ... réveillerait un mort. »

Les *Pères* (c'est le nom qu'on leur donne dans le pays) sont la providence des montagnes; tous les ans ils distribuent environ 20,000 fr. aux familles ou aux paroisses pauvres. Il y a quatre ans le hameau du *Froux* (*Affroux* — *Affreux*) fut incendié; une souscription fut ouverte, le Prieur des Chartreux s'y inscrivait pour 20 fr. et secrètement faisait parvenir 3,000 fr. au curé de la malheureuse paroisse. Un an après, le hameau de Saint-Pierre-de-Chartreuse était à son tour la proie des flammes; le Prieur des Chartreux envoya des bois de charpente tout préparés, et lorsque le curé alla le remercier :

— Regardez donc dans votre chapeau, lui dit le bon Père, après avoir fait le tour de sa cellule, le bon Dieu m'a chargé d'une commission pour vous cette nuit...

Il y avait 3,000 fr. encore dans le bienheureux chapeau.

Je vous souhaite, mes jeunes amis, qu'à votre mort on puisse dire de vous ce que toutes les montagnes disent des Chartreux :

Ils ont passé en faisant le bien.

FIN.

www.ingramcontent.com/pod-product-compliance
Lightning Source LLC
Chambersburg PA
CBHW060707050426
42451CB00010B/1322